Objets d'Art d'Extrême-Orient

CÉRAMIQUE
Bronzes et Émaux cloisonnés
BOIS SCULPTÉS ET LAQUES

Intéressante collection de Divinités Thibétaines

ÉTOFFES, ETC.

Dont la vente aura lieu à l'HOTEL DROUOT, Salle n° 7

le Vendredi 24 Avril 1914, à 2 heures

M⁰ Édouard FOURNIER	M. André PORTIER
Commissaire-Priseur	*Expert près le Tribunal civil*
29, rue de Maubeuge	24. rue Chauchat

Chez lesquels se distribue le présent catalogue.

EXPOSITION PUBLIQUE
HOTEL DROUOT, Salle n° 7 le Jeudi 23 Avril 1914, de 2 h. à 6 h.

CONDITIONS DE LA VENTE

La vente sera faite expressément au comptant.
Les acquéreurs paieront 10 % en sus des enchères.

L'expert assistant aux expositions se met à la disposition de MM. les Amateurs qui voudraient lui confier leurs ordres d'achat.

CÉRAMIQUE

1. — Bol en porcelaine bleu et blanc, émaux de Hué, à décor de temples et d'îlots.
XIXᵉ siècle.

2. — Bol en porcelaine bleu et blanc, à décor de dragons dans les nuages.
XVIIIᵉ siècle.

3. — Deux bols en porcelaine bleu et blanc, à décor de paysages.
XIXᵉ siècle.

4. — Trois bols en porcelaine bleu et blanc, de Hué, à décor de dragons et de nuages.
XIXᵉ siècle.

5. — Paire de bols en porcelaine bleu et blanc, à décor de feuilles de **lotus.**
XIXᵉ siècle.

6. — Bol très évasé en porcelaine bleu et blanc, offrant un paysage **aquatique.**
XIXᵉ siècle.

7. — Autre bol similaire, à décor de dragons et de médaillons de longévité.
XIXᵉ siècle.

8. — Petits bols décorés sur fond craquelé de paysage et de poésie.
XIXᵉ siècle.

9. — Deux tasses et leurs soucoupes, à décor de personnages.
Époque *Taoknang*.

10. — Plat en porcelaine bleu et blanc, à décor de rinceaux fleuris.
XIXe siècle.

11. — Plat en porcelaine bleu et blanc, en forme de cœur.
XIXe siècle.

12. — Deux assiettes en porcelaine, à fond vert gravé, décor de fleurettes.
XIXe siècle.

13. — Un lot de vingt-cinq assiettes et soucoupes en porcelaine bleu et blanc, à décors variés.

14. — Bouteille de forme quadrilatérale en porcelaine bleu et blanc, à décor fleuri.

15. — Paire de vases en Kutani, à décor vert sur fond jaune.

16. — Bouteille de forme élancée en porcelaine bleu et blanc, à décor d'attribut.
Époque *Kang-hi*.

17. — Bouteille en faïence, à décor fleuri, en émaux bleus.
XIXe siècle.

18. — Brûle-parfums en porcelaine dentelée de Nabeshima.

19. — Deux vases en porcelaine de Canton, à décor de scènes à personnages. Monture bronze doré.

20. — Vase cornet en porcelaine cloisonnée du Japon, à décor de fleurettes stylisées sur fond turquoise.

21. — Petit vase cornet en ancienne porcelaine de Chine, à décor de panneaux fleuris.
Époque *Ming*.

22. — Petite potiche à panse surélevée, décorée en réservé de médaillons à dragons.
Époque *Taokuang*.

23. — Deux petites chimères porte-bouquets.

24. — Six petites tasses trilobées en porcelaines diverses.

25. — Quatre cendriers de forme irrégulière.

26. — Quatre autres cendriers de forme triangulaire.

27. — Deux petites bonbonnières en porcelaines polychromes.

28. — Bonbonnière en Satsuma, à décor de poupées.

29. - Bonbonnière en Satsuma, silhouettant un écran.

30.   Bonbonnière en porcelaine bleu et blanc et un cendrier.

31.   Deux potiches formant paire en porcelaine bleu et blanc de Canton,
décorées sur le couvercle et à la panse de zones d'émaux bruns.

32.   Deux vases en porcelaine laquée, décorés sur fond brun de panneaux fleuris.

33   Petit pot en poterie, à glaçure bleutée.
       Époque *Yuan*.

34.   Une coupe verte et un vase corail.

35.   Un lot de petites pièces (amulettes, etc.).

36.   Kogo en poterie de Seiji, représentant un bœuf accroupi.

37.   Kogo en poterie de Seiji, formant une petite boîte.

38.   Kogo en poterie de Raku, figurant une tête de chimère.

39.   Deux jolis bols couverts en porcelaine bleu et blanc à décor géo-
métrique.

40.   Deux bonbonnières en porcelaine bleu et blanc.

41.   Deux vases en porcelaine bleu et blanc à décor fleuri.

42.   Pipe à eau et plateau en faïence, à décor fleuri.

43.   Oni supportant un brûle-parfums, grès de Bizen.

44.   Brûle-parfums en forme d'un vase supportant un couvercle à
chimère. Bizen.

45.   Groupe en poterie représentant Okamé et son ami... sous une
couverture à carreaux rouges.

46.   Très beau vase pitong en ancienne porcelaine de Chine, à décor
d'un paysage maritime. Famille verte.
       Époque *Kang-hi*.

46 *bis*. — Vase de forme ovoïde en ancienne porcelaine de Chine,
décoré en émaux bruns et bleus d'un oiseau sous un pin.

47. — Quatre tasses et leurs soucoupes, décor de fleurs et d'oiseaux.

48. — Figure de Daruma en bois sculpté, dans une niche en faïence.
       Signée : *Shominsai*.

49. — Une paire de potiches couvertes en porcelaine bleu fouetté, à réserves de larges médaillons ornés de paysages.

Copie de pièces *Kang-hi*,

50. — Vase rouleau en porcelaine bleu et blanc, à décor de personnages.

51. — Coupe à marli dentelé, en faïence du Siam, à décor de fleurettes.

52. — Figure d'un des Pa'hsien très joliment décorée dans le style Kang-hi d'émaux de la famille verte.

53. — Grand plat rectangulaire en ancienne porcelaine de la Compagnie des Indes.

54. — Deux assiettes en porcelaine, style Imari.

55. — Deux vases appliques finement décorés de scènes à personnages.
Époque *Kienlong*.

56. — Deux petites soucoupes vertes.

57. — Un lot important d'assiettes, tasses, soucoupes et légumiers, en ancienne porcelaine de Chine.
xviiiᵉ siècle.

58. — Grande potiche couverte en porcelaine de Chine, bleu et blanc, à décor de bouquets fleuris.
Signée : *Kang-hi*.

59. — Deux vases cornets, formant paire, décorés en réserves sur fond vert de bouquets fleuris stylisés.
xviiiᵉ siècle.

60. — Petite potiche couverte en porcelaine de Kinchassa, offrant un décor au mandarin, d'une grande finesse.

61. — Deux petits vases vert camélia, à monture de bronze doré, formant brûle-parfums.

63. — Coupe creuse en porcelaine à décor fleuri, de la Compagnie des Indes.

64. — Assiette offrant un décor similaire.

65. — Deux coupes, de formes irrégulières, décorées de fleurs et de papillons.
Époque *Tungche*.

66. — Grande vasque en porcelaine bleu et blanc à décor fleuri.

67. — Deux vases cornets, formant paire, le col supportant des anses tubulures, en porcelaine décorée dans le style des émaux de Canton, d'un motif fleuri sur fond vert avec réserves de médaillons offrant des motifs floraux.
Cachet *Kienlong.*

68. — Un lot de vingt assiettes semblables en ancienne porcelaine du Japon, offrant un décor de temples et de motifs fleuris.

69. — Une suite de sept assiettes en porcelaine de Chine, offrant le décor des cent objets précieux.

70. — Neuf assiettes en porcelaine d'Imari (Arita), décorées de bouquets fleuris stylisés.

71. — Cinq assiettes creuses et deux assiettes plates en porcelaine de Chine, à décor fleuri.

72. — Vingt et une assiettes en porcelaine bleu et blanc, d'époques et de décors variés.

73. — Tasse et soucoupe en ancienne porcelaine de Chine, à décor fleuri.

74. — Un lot de petites tasses et de soucoupes en porcelaines diverses.

75. — Deux jolis vases rouleau en porcelaine cloisonnée sur fond blanc, à décor de motifs fleuris.
(Vers 1830).

76. — Grand plat en porcelaine bleu et blanc, décor à personnages.

77. — Théière et tasse couvertes en porcelaine chinoise, côtelée.

78. — Un lot de pièces diverses en porcelaines variées.

79. — Coupe en porcelaine d'Imari (Arita), avec monture de bronze doré.

80. — Potiche couverte en porcelaine de Chine, imitation de Kang-hi, à décor, en réserves, de panneaux fleuris sur fond bleu fouetté.

81. — Pot à gingembre, à décor fleuri (famille rose).

82. — Grand vase, en porcelaine de Chine, imitation de Kang-hi (famille noire).

83. — Deux petites bouteilles en porcelaine bleu et blanc, style Kang-hi.

84. — Deux petites tasses couvertes, à décor de motifs fleuris sur fond jaune.
Époque *Kwangshiu.*

BOIS SCULPTÉS ET LAQUES

85. — Petite figure en bois sculpté, représentant une divinité assise sur un rocher et tenant une pêche.

86. — Petite figure en bois sculpté, représentant la Kwannin de la mer debout sur un rocher.

87. — Petite chimère en bois sculpté et laqué d'or.

88. — Deux netsukes bouton en bois de Hinogi, sculpté, représentant Yorimasa tuant le Nuye, et Hatesou combattant le tigre.

89. — Pochette à tabac de lutteur, en bois incrusté de matières diverses représentant les attributs de Daruma.

90. — Très jolie bonbonnière ronde et côtelée, en ancien laque rouge de Pékin, très finement ciselée.

XVIII° siècle.

91. — Grande boîte rectangulaire, en ancien laqué chinois, offrant un paysage aquatique finement rendu en laques de couleurs.

XVIII° siècle.

92. — Grande coupe du Siam, en bois incrusté de nacre.

93. — Grande guitare thibétaine.

94. — Joli plateau en laque, décoré au laque d'or d'un poisson.

95. — Boîte piriforme, en laque brun incrusté d'une cigale en nacre.

96. — Deux très beaux meubles en ancien laque chinois, gravés de motifs fleuris. Fermeture et encoignure de cuivre ciselé.

XVIII° siècle.

97. — Autel portatif, en bois finement sculpté et doré, représentant la trinité boudohique sous la forme adorée par la secte Hokke-Shu : deux figures, Amida et Cakyamuni entourant une stèle rectangulaire, image de la loi, gravée de l'invocation

« Adoration au lotus de la bonne Loi »

98. — Boîte à mets à quatre compartiments, en laque nachiji, décorée en relief de laque d'or de jolis bouquets fleuris.

XVIII° siècle.

99. — Très intéressant album de photographies japonaises en couleurs, avec couverture en laque incrustée de nacre et d'ivoire.

100. — Grand plateau en bois incrusté de nacre. Tonkin.

101. — Tube en bambou sculpté de personnages au milieu des pins.

102. — Deux tubes en bambou sculpté.

103. — Plateau en bois naturel laqué et incrusté, représentant des oiseaux sur une branche d'arbres.

104. — Boîte en bois chinois finement sculpté, contenant un jeu de quilles en ambre.

105. — Petit cadre en bois sculpté incrusté de nacre (travail tonkinois).

106. — Deux kriss malais.

107. — Très joli poignard japonais.

108. — Pochette à tabac et son netsuke sculpté de pieuvres et de nombreux poissons se jouant dans les flots.

109. — Petite table-support en bois finement incrusté de nacre, la tablette supérieure formée d'une plaque de marbre brèche rouge.

110. — Autre tabouret-support d'un style similaire.

111. — Support pour potiche, d'un travail similaire.

112. — Très bel écran de temple en laque rouge tsuichu, sculpté de motifs fleuris. Le pied très décoratif est en bois sculpté, à décor de volutes, avec incrustations diverses de corail, d'ivoire et de nacre. Pièce d'un **très bel effet décoratif.**

113. — Autre écran de cheminée formé d'un panneau de soie, orné d'un vase supportant un bouquet fleuri harmonieusement disposé.

114. — Grande table à jeux en laque brun incrusté de nacre, offrant un décor fleuri stylisé.

115. — Trois plateaux et deux vide-poches en bois incrusté **de nacre.** Tonkin.

116. — Grand meuble-cabinet en bois, incrusté de nacre. Tonkin.

117. — Trois groupes en bois de racine sculpté.

118. — Quatre sabres divers.

119. — Deux cadres en bois sculpté et ajouré. Tonkin.

120. — Meuble-cabinet en laque japonais.

121. — Deux sous-verres encadrés, contenant deux peintures sur **verre,** représentant de nombreux personnages.

122. — Chapelle portative en laque japonais, contenant une figure d'Amida sur le lotus, assisté de Jizo et de Fougheu sur son éléphant.

BRONZES ET MÉTAUX DIVERS

123. — Vase en bronze japonais, ciselé de tortues dans le courant. Les anses représentent des champignons.

124. — Deux gardes de sabre en bronze sentoku, décorées l'une d'un aigle, l'autre du cheval de Chokwaro.

125. — Garde de forme lobée, en fer, décorée en applications diverses, d'un coutelas.

126. — Garde en sentoku, ciselée de Kwaniou assis, accompagné d'un serviteur.

127. — Garde en cuivre rouge, gravée de chevaux.

128. — Garde en fer, à décor de masques en cuivre rouge.

129. — Garde en cuivre rouge, décorée d'hirondelles en shakudo.

130. — Garde en fer, style des Soten, à décor de cavaliers.

131ᴬ/131ᶠ. — Un lot important de gardes de sabre.
   (Sera divisé).

132. — Petit fermoir de pochette en métal cloisonné, à décor d'armoiries.

133. — Figure de diable en bronze, à belle patine verte.

134. — Figure de divinité japonaise, en bronze joliment patiné.

135. — Très joli petit okimono en bronze, représentant un chameau harnaché.

136. — Petit brûle-parfums, représentant une chimère en bronze, à traces de laque.

137. — Peigne en métal argenté, joliment ciselé.

138. — Pipe à eau.

139. — Vase en bronze japonais imitant une vannerie.

140. — Petit brûle-parfums en bronze, supporté par trois petits pieds chimériques.

141. — Brûle-parfums à couvercle ajouré, en bronze japonais, en forme d'une fleur.

142. — Petite jonque en argent.

143. — Presse-papiers représentant un dragon.

144. — Une collection de dix-huit gardes de sabre japonaises.

145. — Petit groupe en bronze et métaux divers, finement ciselés, représentant un coq, une poule et des poussins.

Objets d'art du Thibet.

146. — Statuette en bronze à patine brune, représentant *Che-bdag mgon-po*. Il écrase sous ses pieds une figure de Ganeça. Il enlace sa Cakti de deux de ses bras, les mains de ses bras tenant l'une le gri-gug, et l'autre le kapala.

La Cakti relève sa jambe gauche contre la taille du dieu, sa jambe droite alignée contre la gauche de celui-ci.

147. — Groupe en forme d'un brûle-parfums, dont le couvercle est surmonté d'un Yi-dam avec sa yum. Bronze à patine brune.

Signé : *Kienlong*.

148. — Deux groupes en bronze, de patine brune.

Pal'-dus-Kyi Khor-lo, en sanscrit *Kâlacakra*. Il est représenté dans l'attitude yab-yum, à quatre faces et vingt-quatre bras, les mains des bras enserrant la Cakti, tenant le vajra et la clochette.

149. — *Yama* (en thibétain *Gcin-rje*) représenté sous la forme Jigs-byedd avec une tête de taureau : il tient entre les mains le crâne et le gri-gug. Il est ici, debout sur le taureau, étendu lui-même sur un être nu.

150. — *Hayagriva* (en thibétain *rTa-mgrin*) représentée avec les ailes de Garuda. Il a trois têtes surmontées d'une chevelure en flammes, desquelles émerge une tête de cheval. C'est le dieu des chevaux.

Il est représenté avec la Cakti, et piétine des êtres humains.

151. — *Amitayus* (en tibétain *Tse-Dpag-Med*), c'est-à-dire la vie incommensurable. Il est assis à l'orientale, couronné et vêtu de riches habits royaux : il tient sur ses deux mains réunies, ramenées dans son giron, le vase d'ambroisie.

Bronze doré et ciselé.

152. — *Amitayus*. Type similaire au précédent, mais assis sur le lotus.

Bronze doré et ciselé.

153. — *Cakya-Muni* (en thibétain *Cakya T'ub Pa*).

Assis à l'orientale sur un trône à double rang de pétales, il fait de la main droite le geste du témoignage, la gauche ramenée dans la position indifférente. La tunique drapée laisse à nu l'épaule et le sein droit.

Urna et usnisa.

Bronze doré et ciselé.

154. — *Vajrasattva* (en thibétain *lag-na rdo-ye*).

Assis à l'orientale sur le double rang de lotus, les mains entrecroisées reposant poignet contre poignet et tenant l'une la vajra, l'autre la clochette.

Bronze doré et finement ciselé.

155. — *Maitreya* ou *Avalokiteçvara*.

Debout sur un socle de lotus à double rang de pétales opposés, il fait de la main droite le geste de la méditation et de la main gauche celui de la charité. Il porte sur la poitrine une écharpe nouée, aux nombreux plis concentriques.

Bronze doré et ciselé.

156. — *Tsong-kha-Pa* (en thibétain, *bLobzang-Grags-Pa*).

Grand réformateur bouddhiste-lamaïte, fondateur de la secte ou église des « bonnets jaunes », dite Geluk-pa.

Assis, les jambes pliées horizontalement sur le lotus ovalisé, vêtu du costume de moine, coiffé du bonnet jaune et tenant les deux tiges de lotus surmontées : l'une, à droite, par l'épée ; l'autre, à gauche, par le livre. Il fait la mûdrâ de l'argumentation ou de la prédication.

Bronze partiellement doré.

157. — *Çakyamuni*.

Debout sur le lotus et sur un petit socle avec inscriptions. Sa robe plissée sur sa poitrine est serrée à la taille par un cordon noué sur le devant : son manteau lui découvre le bras droit et une partie de la poitrine. Il fait de la main droite le geste de témoignage, et ramène sa main gauche horizontalement, paume en l'air, dans le giron. Il a l'urna de l'ushnisha.

Bronze doré et ciselé.

158. — Plaquette d'*ex-voto* (?) en bronze ciselé sur une face, de Garuda et sur l'autre de Rahu au corps de serpent. Sur les petites faces, de longues inscriptions.

159. — *Tara verte*, c'est la Çakti ou énergie féminine du bodhisatva principal, l'Avalokiteçvara.

Assise sur le lotus à deux rangs de pétales, la jambe gauche pliée horizontalement, le pied droit reposant sur une fleur de lotus. Elle a l'urna, le diadème et les parures des bodhisatva.

Bronze à patine brune.

160. — *Garuda*, roi des oiseaux, monture de Vichnou, debout sur un socle, tenant dans son bec et entre ses mains un serpent qu'il va déchiqueter.

Bronze à patine brune.

161. — *Maitreya*.

Debout sur un petit socle carré, il tient la main droite abaissée vers le sol, la main gauche dissimulée sous l'écharpe. Derrière le dieu, une auréole surmontée de trois têtes de bouddhas.

Bronze doré et ciselé.

162. — *Vaiçravana* (en thibétain *Rnam-tos-sras*).

C'est le dieu de la richesse, roi des Yaksas et gardien du côté nord du Mont Méru (en thib. *Ri-rab-lhun-po*). Il est assis sur le lion reposant sur le trône de lotus.

Bronze de patine brune.

163. — Applique en bronze ciselé d'une figure d'Avalokiteçvara ou *Padmapani* (en sanscrit). Il est représenté assis sur le lotus, deux mains en prière, une autre tenant le chapelet, une quatrième la fleur de lotus.

164. — Très beau *Pur-Bu*.

Poignard magique, employé pendant les offices pour combattre les démons ; il est en fer, composé de trois lames triangulaires. Sa partie supérieure est une triple représentation du dieu Hayagriva (thib. *Rta-mgrin*), l'ennemi des mauvais esprits ; plus bas, le diagramme, une double bordure de pétales de lotus stylisées et têtes de sangliers. Inscription en caractères lanssha. Sur la lame, des figures en damasquinures d'argent. Ce spécimen est d'une taille tout à fait anormale.

Bronze ciselé et doré, rehaussé de turquoises.

Haut. 1 m. 75.

165. — Autre *Pur-Bu*, d'un dessin similaire, mais plus petit.

165 *bis*. — *Bum-pa* (sanscrit : *Kalaça*).

Vase dans lequel on conserve l'eau lustrale ; ce récipient est dépourvu de manche, mais est muni d'un bec et d'un couvercle. On y trempe l'aspersoir le plus souvent formé d'une touffe de plumes de paon.

166. — Autre *Bumpa*, d'une taille plus petite.

167. — Sonnette sacrée (en thibétain *Dril-bu* ; en sanscrit : *Ghanta*).

Le manche de cette clochette forme un demi vajra, il porte à la partie inférieure une tête de divinité.

168. — *Vajra* (en thibétain : *Rdo-Rje*).

Instrument en forme de sceptre, représentant la foudre confiée au prêtre pour combattre les démons, leurs passions et leurs vices.

169. — Vase à offrande, en cuivre ciselé de têtes chimériques.

170. — Brûle-parfums rectangulaire, offrant un décor similaire.

171. — *Kapala* (en thibétain : *Tod-K'rag*).

Récipient fait avec une calotte crânienne d'ermite ; on remplit ce vase improvisé de vin et de sang. L'usage en est réservé aux prêtres.

Garniture et support en cuivre ciselé. Couvercle ouvragé se terminant par un demi-rdo-rje.

172. — Trompette sacrée (*Rkan-glin*), en cuivre ciselé.

173. — Deux éléphants en bronze doré, formant porte-flambeaux.

174. — Deux chimères et un petit brûle-parfums formant garniture d'autel.

175. — Deux grandes chimères d'autel en bronze doré finement ciselé.

176. — Applique ciselé, en relief d'une figure d'Aria-Pala, forme compliquée d'Avalokiteçvara.

177. — Deux ex-voto en bronze doré et ciselé.

178. — Jolie figure taoïste, représentant un personnage barbu et assis. Bronze doré finement ciselé.

179. — Petit serviteur de Bodhisatva, en bronze doré très finement ciselé.

180. — Boîte en argent repoussé finement ciselé.

181. — Deux figures en bois sculpté.

182. — Deux masques de danseurs. (Java).

183. — Figures en cartons pour ombres.

184. — Grande figure en bronze représentant *Akshobhya*, le deuxième des cinq Dhyani Bouddhas : il est assis, faisant de la main droite le geste de témoignage, la main gauche ramenée horizontalement dans le giron.

185. — Vase pilong en fer damasquiné d'argent, à décor de personnages. Cachet *Kienlong*.

186. — Sceptre en fer damasquiné d'argent.

187. — Objets divers, boîte, vase.

188. — Brûle-parfums en bronze, représentant une chimère à tête mobile que menace un serpent. Bronze à traces de dorures.

189. — Trois poignards divers. (Siam, Thibet.)

190. — Bouteille à large panse en émail cloisonné chinois, à décor de chrysanthèmes stylisés sur fond turquoise.

191. — Bonbonnière lenticulaire en ancien émail cloisonné chinois, à décor fleuri.
Signé : *Kienlong*.

192. — Pot à pinceaux en ancien émail cloisonné chinois.

193. — Deux bols en cloisonné japonais, l'intérieur laqué.

194. — Boîte formant deux chandeliers en émail cloisonné chinois, très finement décorée de motifs fleuris.

195. — Bœuf accroupi en bronze et émail cloisonné de Canton.

196. — Vase-cornet en émail de Canton, joliment décoré de motifs fleuris.

197. — Deux petits cendriers en émail de Canton, à décors variés.

198. — Boite ronde en faïence de Kutani, le couvercle argenté, joliment décoré d'émaux en relief.

199. — Deux soucoupes en ancien émail cloisonné chinois.

200. — Jardinière quadrilobée, en bronze et émaux cloisonnés de Canton.

201. — Deux vases tubulaires en émail cloisonné japonais, finement décorés.

202. — Très belle bouteille, en ancien émail cloisonné chinois, flanquée de deux anses à têtes chimériques, en bronze doré.

203. — Vase à baguettes d'encens en ancien émail de Canton, décoré sur fond bleu de motifs fleuris.

204. — Petite jardinière basse et rectangulaire en émail cloisonné chinois, à décor de chrysanthèmes stylisés.

205. — Petite théière en émail cloisonné japonais.

206. — Plateau en émail de Canton, à décor de fleurettes.

207. — Bol en émail de Canton, décor mille fleurs.
xviiie siècle.

208. — Trois assiettes en émail cloisonné japonais, décor de fleurs et oiseaux.

209. — Théière en émail cloisonné chinois, à décor fleuri.

210. — Deux petites bouteilles en émail cloisonné chinois, à décor fleuri.

211. — Brûle-parfums en bronze et émail cloisonné de Canton.

IVOIRES

212. Vase pitong en ivoire ajouré de Canton, à décor de personnages sous les pins.

213. — Personnage assis, montrant un kakemono, duquel s'échappent Kinko et sa carpe.

214. — Personnage barbu, assis sur un ibis.

215. — Fukurokuju, assis sur un aigle, au bord des îlots.

216. — Groupe de personnages entourant un blaireau.

217. — Deux netsukes en ivoire teinté brun.

218. — Figure en ivoire de mors, représentant une jeune femme se promenant, un enfant sur le dos.

219. — Un lot important de petites pièces en ivoire.
   (Sera divisé).

220. — Un lot important de netsukes.
   (Sera divisé).

221. — Deux sabres en ivoire (mors), sculptés de personnages divers.

222. — Vase pitong à pans coupés en ivoire chinois, à décor de fleurs et de poésies.

223. — Deux soucoupes très joliment sculptées, en ivoire japonais.

224. — Trois porte-cartes à incrustations d'ivoire.

225. — Deux netsukes.

226. — Nécessaire à riz.

227. — Boîte ronde en ivoire de Canton, sculptée de scènes à personnages.

228. — Boîte ronde en écaille, finement sculptée de scènes à personnages.

229. — Porte-cartes offrant un décor similaire.

230. — Plaque rectangulaire en jade blanc très finement fouillé et ajouré de nuages.

231. — Petite coupe en jade blanc, l'anse à tête chimérique.

232. — Coupe à godet en jade blanc.

233. — Cigogne accroupie en jade de fouille.

234. — Chimère accroupie en jade de fouille.

235. — Okimono formée de perles de nacre juxtaposées.

236. — Grande figure de Cheou-lao en lardite jaune, finement sculptée.

237. — Petit paravent à six feuilles, en bois, enchâssant de nombreuses plaquettes de marbre ornées de scènes diverses.
XVIIIe siècle.

238. — Trois pendentifs amulettes en jade finement sculpté.

239. — Plateau en lardite noire, à décor fleuri.

ARMURES

240. — Armure de Samuraï, d'un très bel effet décoratif, comprenant une cuirasse en laque et passementerie mauve, avec garniture de peau et penture de cuivre ciselé. Casque à lamelle avec décor clouté ; ornement de casque représentant un papillon en cuivre ciselé. Jupe et sous-jupe en étoffe brochée.
XVIIIe siècle.

PEINTURES DIVERSES

241. — Paravent à six feuilles, très joliment orné de peintures variées de fleurs et d'oiseaux.
Signé : *Ho-itsu*.
Collection Kobayashi.

242. — Kakemono sur soie, représentant le paradis taoïste, avec les figures finement exécutées des huit immortels « Pa h'sien ».
XVIIIe siècle.

243. — Kakemono représentant une assemblée de guerriers autour d'un daimyo.
XIXe siècle.

244. — Peinture chinoise extrêmement fine, représentant Cheou lao, le dieu de la longévité, tenant une pêche d'immortalité.
XVIIIe siècle.

246. — Peinture chinoise. Si Wang Mu voyant apparaître l'oiseau Hôo.
XVIIIe siècle.

247. — Scène sur une terrasse où se voient de nombreuses jeunes femmes.
Fin du XVIIIe siècle.

248. — Kakemono japonais, dans le style de Tosa, représentant divers personnages assis près d'un ruisseau sur lequel ils font flotter des coupes à saké.
XVIIIe siècle.

ETOFFES

249. — Devant d'autel en drap rouge, brodé en polychrome d'un oiseau Hôo et d'un dragon affrontés.

250. — Autre devant d'autel similaire, offrant un oiseau sur un massif de fleurs.

251. — Autre devant d'autel similaire, décoré d'un dragon dans les flots et de bouquets fleuris.

252. — Panneau brodé du Setchouen, à décor de personnages.

253. — Manteau en soie cerise, broché et brodé en bleus camaïeux de bouquets fleuris. Chine.

254. — Trois petits tapis brodés. Chine.

255. — Peau de tigre.

256. — Grande robe japonaise, brodée d'un vol de grues.

257. — Un lot de robes et manteaux divers.

258. — Lots omis au présent catalogue.

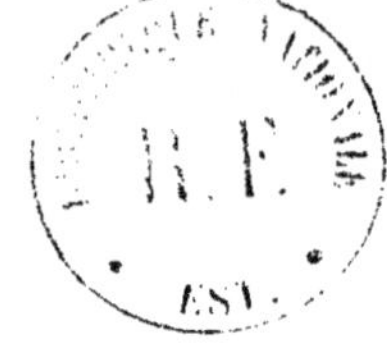

Imprimerie BERGER-LEVRAULT, Paris-Nancy.

www.ingramcontent.com/pod-product-compliance
Lightning Source LLC
LaVergne TN
LVHW021910180726
843502LV00008B/2992